ANTIQUUM MINISTERIUM

PAPA FRANCISCO

CARTA APOSTÓLICA
EM FORMA DE *MOTU PROPRIO*

ANTIQUUM MINISTERIUM

PELA QUAL SE INSTITUI O
MINISTÉRIO DO CATEQUISTA

Direção-geral: *Flávia Reginatto*

Editora responsável: *Vera Bombonatto*

Tradução: *Tradução oficial da Santa Sé, adaptada para o português do Brasil*

1ª edição – 2021

1ª reimpressão – 2021

Título original: *Lettera Apostolica in forma di "Motu proprio" di Papa Francesco Antiquum ministerium con la quale si istituisce il ministero di catechista*

© dos textos originais, 2021:
Libreria Editrice Vaticana 00120 Città del Vaticano

As citações bíblicas constantes desta obra foram transcritas da Bíblia Sagrada – Tradução oficial da CNBB, 4ª edição – 2020.

Nenhuma parte desta obra poderá ser reproduzida ou transmitida por qualquer forma e/ou quaisquer meios (eletrônico ou mecânico, incluindo fotocópia e gravação) ou arquivada em qualquer sistema ou banco de dados sem permissão escrita da Editora. Direitos reservados.

Paulinas
Rua Dona Inácia Uchoa, 62
04110-020 – São Paulo – SP (Brasil)
Tel.: (11) 2125-3500
http://www.paulinas.com.br
editora@paulinas.com.br
Telemarketing e SAC: 0800-7010081

© Pia Sociedade Filhas de São Paulo – São Paulo, 2021

LISTA DE SIGLAS

AG   *Ad Gentes*

CCEO *Codex Canonum Ecclesiarum Orientalium*: Código dos Cânones das Igrejas Orientais

CD   *Christus Dominus*

CIC   *Codex Iuris Canonici:* Código de Direito Canônico

DV   *Dei Verbum*

EG   *Evangelii Gaudium*

EN   *Evangelii Nuntiandi*

FT   *Fratelli Tutti*

LG   *Lumen Gentium*

1. MINISTÉRIO ANTIGO é o de Catequista na Igreja. Os teólogos pensam, comumente, que se encontram os primeiros exemplos já nos escritos do Novo Testamento. A primeira forma, germinal, desse serviço do ensinamento achar-se-ia nos "mestres" mencionados pelo apóstolo Paulo ao escrever à comunidade de Corinto: "Assim, na Igreja, Deus estabeleceu em primeiro lugar, alguns como apóstolos; em segundo, alguns como profetas; e em terceiro, os que ensinam; depois, os milagres, os dons de cura, de socorrer, de governar e de falar diversas línguas. Acaso todos são apóstolos? Todos são profetas? Todos são mestres? Todos fazem milagres? Todos têm dons de cura? Todos falam em línguas? Todos as interpretam? Aspirai aos dons mais elevados. E vou ainda mostrar-vos um caminho incomparavelmente superior" (1Cor 12,28-31).

O próprio Lucas afirma, na abertura do seu Evangelho: "Assim decidi também eu, caríssimo Teófilo, depois de ter cuidadosamente investigado tudo desde o começo, pô-lo por escrito para ti, em boa ordem, para que conheças a solidez dos ensinamentos que recebeste" (Lc 1,3-4). O Evangelista parece bem ciente de estar fornecendo, com os seus escritos, uma forma específica de ensinamento que permite dar solidez e vigor aos que já receberam o Batismo. E voltando ao mesmo tema, o apóstolo Paulo recomenda aos Gálatas: "Aquele que recebe o ensinamento da Palavra torne quem o ensina participante de todos os bens" (Gl 6,6). Como se vê, o texto acrescenta uma peculiaridade fundamental: a comunhão de vida como característica da fecundidade da verdadeira catequese recebida.

2. Desde os seus primórdios, a comunidade cristã conheceu uma forma difusa de ministerialidade, concretizada no serviço de homens e mulheres que, obedientes à ação do Espírito Santo, dedicaram a sua vida à edificação da Igreja. Os carismas, que o Espírito nunca deixou de infundir nos batizados, tomaram, em certos momentos, uma forma visível e palpável de serviço à comunidade cristã nas suas múltiplas expressões, chegando ao ponto de ser reconhecidos como uma diaconia indispensável para a comunidade. E assim o interpreta o apóstolo Paulo, com a sua autoridade, quando afirma: "Há diversidade de dons, mas o Espírito é o mesmo. Há diversidade de ministérios, mas o Senhor é o mesmo. Há diferentes atividades, mas é o mesmo Deus que realiza tudo em todos. A cada um é dada a manifestação do Espírito, em vista do bem de todos. A um é dada pelo Espírito uma palavra de sabedoria; a outro, uma palavra de conhecimento pelo mesmo Espírito; a outro é dada a fé, pelo mesmo Espírito; a outro são dados dons de cura, pelo mesmo Espírito; a outro, o poder de fazer milagres; a outro, a profecia; a outro, o discernimento dos espíritos; a outro, a diversidade de línguas; a outro, a interpretação das línguas. Todas essas coisas é o único Espírito que realiza, distribuindo-as a cada um conforme quer" (1Cor 12,4-11).

Por conseguinte, é possível reconhecer, dentro da grande tradição carismática do Novo Testamento, a presença concreta de batizados que exerceram o ministério de transmitir, de forma mais orgânica, permanente e associada com as várias circunstâncias da vida, o ensinamento dos apóstolos e dos evangelistas (DV, n. 8).[1] A Igreja quis reconhecer esse serviço como expressão concreta do carisma pessoal, que tanto favoreceu o exercício da sua missão evangelizadora. Olhar para a vida das primeiras comunidades cristãs, que se empenharam na difusão e no progresso do Evangelho, estimula também hoje a Igreja a perceber quais podem ser as novas expressões para continuarmos permanecendo fiéis à Palavra do Senhor, a fim de fazer chegar o seu Evangelho a toda criatura.

3. Toda a história da evangelização destes dois milênios manifesta, com grande evidência, como foi eficaz a missão dos catequistas. Bispos, sacerdotes e diáconos, juntamente com muitos homens e mulheres

---

[1] CONCÍLIO VATICANO II. Constituição Dogmática *Dei Verbum*: sobre a revelação divina. In: SANTA SÉ. *Concílio Ecumênico Vaticano II*: Documentos. Brasília: Edições CNBB, 2018, p. 175-198.

de vida consagrada, dedicaram sua vida à instrução catequética, para que a fé fosse um válido fundamento para a existência pessoal de cada ser humano. Além disso, alguns reuniram à sua volta outros irmãos e irmãs, que, partilhando o mesmo carisma, constituíram Ordens religiosas totalmente dedicadas ao serviço da catequese.

Não se pode esquecer a multidão incontável de leigos e leigas que tomaram parte, diretamente, na difusão do Evangelho por meio do ensino catequético. Homens e mulheres, animados por uma grande fé e verdadeiras testemunhas de santidade, que, em alguns casos, foram mesmo fundadores de Igrejas, chegando até a dar a sua vida. Também em nossos dias, há muitos catequistas competentes e perseverantes que estão à frente de comunidades em diferentes regiões, realizando uma missão insubstituível na transmissão e no aprofundamento da fé. Os muitos Beatos, Santos e Mártires catequistas, que marcaram a missão da Igreja, merecem ser conhecidos, pois constituíram uma fonte fecunda não só para a catequese, como também para toda a história da espiritualidade cristã.

4. A partir do Concílio Ecumênico Vaticano II, a Igreja compreendeu, com renovada consciência, a importância do compromisso do laicado na obra de evangelização. Os Padres conciliares reafirmaram várias vezes a grande necessidade – tanto para a implantação da Igreja como para o crescimento da comunidade cristã – do envolvimento direto dos fiéis leigos nas várias formas em que se pode exprimir o seu carisma: "Digno de louvor é também aquele exército, tão grandemente benemérito na obra das missões entre os povos, isto é, dos catequistas, tanto de homens como de mulheres, que, imbuídos de espírito apostólico, com grandes esforços prestam singular e absolutamente necessária ajuda à expansão da fé e da Igreja" (AG, n. 17).[2]

Conjuntamente com o rico ensinamento conciliar, é preciso fazer referência ao interesse constante dos Sumos Pontífices, do Sínodo dos Bispos, das Conferências Episcopais e dos vários Pastores, que, no decorrer destas décadas, imprimiram uma notável renovação à catequese. O *Catecismo da Igreja Católica*, a Exortação Apostólica *Catechesi Tradendae*, o *Diretório Catequético Geral*, o *Diretório Geral da Catequese*, o recente *Diretório para a Catequese*, juntamente com inúmeros *Catecismos* nacionais, regionais e diocesanos, são expressão do valor central da obra catequética, que coloca em primeiro plano a instrução e a formação permanente dos fiéis.

---

[2] CONCÍLIO VATICANO II. Constituição *Ad Gentes*: sobre a atividade missionária da Igreja. In: SANTA SÉ. *Concílio Ecumênico Vaticano II*: Documentos. Brasília: Edições CNBB, 2018, p. 529-588.

5. Sem diminuir em nada a missão própria do Bispo – de ser o primeiro Catequista na sua diocese, juntamente com o presbitério, que partilha com ele a mesma solicitude pastoral – nem a responsabilidade particular dos pais no que diz respeito à formação cristã dos seus filhos (CIC, cân. 774, §2; CCEO, cân. 61),[3] é necessário reconhecer a presença de leigos e leigas que, em virtude do seu Batismo, se sentem chamados a colaborar no serviço da catequese (CIC, cân. 225; CCEO, cân. 401 e 406). Essa presença torna-se ainda mais urgente nos nossos dias, devido à renovada consciência da evangelização no mundo contemporâneo (EG, n. 163-168)[4] e à imposição de uma cultura globalizada (FT, n. 100; 138),[5] que requer um encontro autêntico com as jovens gerações, sem esquecer a exigência de metodologias e instrumentos criativos que tornem o anúncio do Evangelho coerente com a transformação missionária que a Igreja abraçou. Fidelidade ao passado e responsabilidade pelo presente são as condições indispensáveis para que a Igreja possa desempenhar a sua missão no mundo.

---

[3] SANTA SÉ. *Código de Direito Canônico*. Brasília: Edições CNBB, 2019. *Codex Canonum Ecclesiarum Orientalium*: Código dos Cânones das Igrejas Orientais.

[4] FRANCISCO. Exortação Apostólica *Evangelii Gaudium*: sobre o anúncio do Evangelho no mundo atual. (Documentos Pontifícios, 17). Brasília: Edições CNBB, 2015.

[5] FRANCISCO. Carta Encíclica *Fratelli Tutti*: sobre a fraternidade e a amizade social. (Documentos Pontifícios, 44). Brasília: Edições CNBB, 2020.

Despertar o entusiasmo pessoal de cada batizado e reavivar a consciência de ser chamado a desempenhar a sua missão na comunidade requer a escuta da voz do Espírito, que nunca deixa faltar a sua presença fecunda (CIC, cân. 774, §1; CCEO, cân. 617). O Espírito chama, também hoje, homens e mulheres para irem ao encontro de tantas pessoas que esperam conhecer a beleza, a bondade e a verdade da fé cristã. É tarefa dos Pastores sustentar esse percurso e enriquecer a vida da comunidade cristã com o reconhecimento de ministérios laicais capazes de contribuir para a transformação da sociedade, através da "penetração dos valores cristãos no mundo social, político e econômico" (EG, n. 102).

6. O apostolado laical possui, indiscutivelmente, valor secular. Esse exige "procurar o Reino de Deus exercendo funções temporais e ordená-las segundo Deus" (LG, n. 31).[6] A sua vida diária é tecida por encontros e relações familiares e sociais, o que permite verificar como "são especialmente chamados a tornar a Igreja presente e ativa naqueles locais e circunstâncias em que, só por meio deles, ela pode vir a ser sal da terra" (LG, n. 33). Entretanto, é bom recordar que, além desse apostolado, "os leigos podem ser chamados

---

[6] CONCÍLIO VATICANO II. Constituição Dogmática *Lumen Gentium*: sobre a Igreja. In: SANTA SÉ. *Concílio Ecumênico Vaticano II*: Documentos. Brasília: Edições CNBB, 2018, p. 75-173.

de diversos modos a cooperar mais imediatamente com o apostolado da hierarquia, à semelhança dos homens e mulheres que ajudavam o apóstolo Paulo no Evangelho, trabalhando muito no Senhor" (LG, n. 33).

No entanto, a função peculiar desempenhada pelo Catequista tem sua especificidade no contexto dos outros serviços presentes na comunidade cristã. Com efeito, o Catequista é chamado, antes de tudo, a exprimir a sua competência no serviço pastoral da transmissão da fé, que se desenvolve nas suas diferentes etapas: desde o primeiro anúncio, que introduz no *querigma*, passando pela instrução que torna consciente da vida nova em Cristo e prepara de modo particular para os Sacramentos da Iniciação Cristã, até a formação permanente que permite que cada batizado esteja sempre pronto "a dar a razão da sua esperança a todo aquele que a pedir" (1Pd 3,15). O Catequista é, ao mesmo tempo, testemunha da fé, mestre e mistagogo, acompanhador e pedagogo que instrui em nome da Igreja. Uma identidade que só mediante a oração, o estudo e a participação direta na vida da comunidade é que se pode desenvolver com coerência e responsabilidade.[7]

---

[7] PONTIFÍCIO CONSELHO PARA A PROMOÇÃO DA NOVA EVANGELI-ZAÇÃO. *Diretório para a Catequese*. (Documentos da Igreja, 61). Brasília: Edições CNBB, 2020, n. 113.

7. Com grande sabedoria, São Paulo VI escreveu a Carta Apostólica *Ministeria Quaedam*, tendo em vista não só adaptar ao novo momento histórico os ministérios de Leitor e Acólito,[8] como também pedir às Conferências Episcopais para promoverem outros ministérios, entre os quais o de Catequista: "Além destes ministérios comuns a toda a Igreja latina, nada impede que as Conferências Episcopais peçam outros à Sé Apostólica, se, por motivos particulares, julgarem a sua instituição necessária ou muito útil na sua região. Tais são, por exemplo, as funções de *Ostiário*, de *Exorcista* e de *Catequista*".[9] O mesmo veemente convite se fazia presente na Exortação Apostólica *Evangelii Nuntiandi*, quando, ao pedir sabedoria na leitura das necessidades atuais da comunidade cristã em continuidade fiel com as origens, exortava a encontrar novas formas ministeriais para uma pastoral renovada: "Tais ministérios, novos na aparência mas muito ligados a experiências vividas pela Igreja ao longo da sua existência – por exemplo, o de Catequista [...] – , são preciosos para a implantação, a vida e o crescimento da Igreja e para a

---

[8] FRANCISCO. Carta Apostólica em forma de *Motu Proprio Spiritus Domini*: sobre a modificação do cân. 230, §1, do *Código de Direito Canônico* acerca do acesso das pessoas do sexo feminino ao Ministério instituído do Leitorado e do Acolitado. (Documentos Pontifícios, 46). Brasília: Edições CNBB, 2021.

[9] SÃO PAULO VI. Carta Apostólica em forma de *Motu Proprio Ministeria Quaedam*, com a qual se estabelecem algumas normas a respeito da ordem sacra do diaconado. 15 de agosto de 1972.

sua capacidade de irradiar a própria mensagem à sua volta e para aqueles que estão distantes" (EN, n. 73).[10]

Com efeito, não se pode negar que "cresceu a consciência da identidade e da missão dos leigos na Igreja. Embora não suficiente, pode-se contar com um numeroso laicado, dotado de um profundo sentido de comunidade e de uma grande fidelidade ao compromisso da caridade, da catequese, da celebração da fé" (EG, n. 102). Por conseguinte, receber um ministério laical como o de Catequista atribui uma ênfase maior ao empenho missionário típico de cada batizado, que, no entanto, deve ser desempenhado de forma plenamente secular, sem cair em nenhuma tentativa de clericalização.

8. Este ministério possui um forte valor vocacional, que requer o devido discernimento por parte do Bispo e se evidencia com o Rito de instituição. De fato, é um serviço estável prestado à Igreja local de acordo com as exigências pastorais identificadas pelo Ordinário do lugar, mas desempenhado de maneira laical, como exige a própria natureza do ministério. Convém que, ao ministério instituído de Catequista, sejam chamados homens e mulheres de fé profunda e maturidade humana, que tenham uma participação ativa na vida

---

[10] SÃO PAULO VI. Exortação Apostólica *Evangelii Nuntiandi*: sobre a evangelização no mundo contemporâneo. 8 de dezembro de 1975.

da comunidade cristã, sejam capazes de acolhimento, generosidade e vida de comunhão fraterna, recebam a devida formação bíblica, teológica, pastoral e pedagógica, para ser solícitos comunicadores da verdade da fé, e tenham já uma madura experiência prévia de catequese (CD, n. 14;[11] CIC, cân. 231, §1; CCEO, cân. 409, §1). Requer-se que sejam colaboradores fiéis dos presbíteros e diáconos, disponíveis para exercer o ministério onde for necessário e animados por verdadeiro entusiasmo apostólico.

Assim, depois de ter ponderado todos os aspectos, em virtude da autoridade apostólica,

instituo
o Ministério laical de Catequista.

A Congregação para o Culto Divino e a Disciplina dos Sacramentos providenciará, em breve, a publicação do Rito de Instituição do Ministério laical de Catequista.

9. Convido, pois, as Conferências Episcopais a tornarem realidade o Ministério de Catequista,

---

[11] CONCÍLIO VATICANO II. Decreto *Christus Dominus*: sobre o múnus pastoral dos Bispos na Igreja. In: SANTA SÉ. *Concílio Ecumênico Vaticano II*: Documentos. Brasília: Edições CNBB, 2018, p. 395-433.

estabelecendo o *iter* formativo necessário e os critérios normativos para o acesso a ele, encontrando as formas mais coerentes para o serviço que essas pessoas serão chamadas a desempenhar em conformidade com tudo o que foi expresso por esta Carta Apostólica.

10. Os Sínodos das Igrejas Orientais ou as Assembleias dos Hierarcas poderão receber o que aqui é estabelecido para as respectivas Igrejas *sui iuris*, com base no próprio direito particular.

11. Os Pastores não cessem de abraçar esta exortação que lhes recordavam os Padres conciliares: "Sabem que não foram instituídos por Cristo para se encarregarem por si sós de toda a missão salvadora da Igreja para com o mundo, mas que o seu cargo sublime consiste em pastorear de tal modo os fiéis e de tal modo reconhecer os seus serviços e carismas, que todos, cada um segundo o seu modo próprio, cooperem na obra comum" (LG, n. 30). O discernimento dos dons que o Espírito Santo nunca deixa faltar à sua Igreja seja para eles o apoio necessário para tornar concreto o Ministério de Catequista, para o crescimento da própria comunidade.

Quanto estabelecido por esta Carta Apostólica em forma de *Motu Proprio*, ordeno que tenha vigor firme e estável, não obstante qualquer coisa em contrário ainda que digna de menção particular, e que seja promulgado mediante publicação no jornal *L'Osservatore Romano*, entrando em vigor no mesmo dia, e publicado depois no órgão oficial *Acta Apostolicae Sedis*.

Dado em Roma, junto de São João de Latrão, na Memória litúrgica de São João de Ávila, Presbítero e Doutor da Igreja, dia 10 de maio do ano de 2021, nono do meu pontificado.

Franciscus

ANEXO

ANTIGO MINISTÉRIO, DOM PARA A IGREJA

A partir do Concílio Vaticano II, houve uma mudança significativa no paradigma catequético. Motivada pelos Documentos conciliares, a catequese passa a inspirar-se no catecumenato dos primeiros séculos. Foi, com certeza, um período de muitas experiências significativas nas diferentes realidades do nosso imenso país.

Como frutos dessa renovação pós-conciliar, tivemos as publicações de diversos Diretórios da Igreja universal, 1971, 1997 e em 2020. Deram, com certeza, um impulso importante na reflexão e na prática catequética. Destaca-se, no Brasil, o documento *Catequese Renovada*, de 1983. Trouxe, de fato, uma mudança significativa no modo de fazer catequese. Passou-se de uma catequese "escolar" para uma catequese bíblica, experiencial e transformadora. Repetia-se com frequência, naquele tempo, que a Bíblia é o "livro por excelência" da catequese (At 12,24). Vale a pena lembrar as semanas brasileiras de catequese; tivemos quatro.

Trouxeram propostas importantes que modificaram o modo de pensar e agir catequético.

O *Diretório Nacional de Catequese*, publicado em 2006, teve papel importante para um novo modelo de catequese centrado na Sagrada Escritura. Além disso, nesse documento, encontramos uma motivação essencial para que toda a nossa catequese fosse bíblica e se inspirasse no catecumenato antigo. E ainda insiste para que o Ministério de Catequista seja instituído, oficializado.

A partir de 2009, com o ano catequético nacional, passou-se decididamente para um novo paradigma de uma catequese sempre mais a serviço da iniciação à vida cristã. A Igreja no Brasil assumiu, como urgência, a iniciação à vida cristã, que culminou com a Assembleia dos Bispos do Brasil (2017), a qual teve como tema a iniciação à vida cristã e a consequente aprovação do *Documento 107*.

Marco significativo dos tempos mais recentes foi a publicação do novo *Diretório para a Catequese*. Ele veio reafirmar a necessidade de uma catequese bíblica, querigmática e mistagógica. Ele se preocupa, inclusive, com a Catequese e a transmissão da fé na cultura digital. De fato, o novo documento, observando a realidade atual, procura responder aos novos desafios da educação na fé.

Todos na Igreja recebem, com alegria, a notícia do *Motu Proprio Antiquum Ministerium*, pelo qual se institui o Ministério de Catequista. Será, decerto, um marco significativo na história da catequese. Os catequistas, em sua maioria mulheres, com muita dedicação e esmero, merecem esse reconhecimento. Realizam um trabalho voluntário com amor, seguindo os passos do Mestre Jesus. Com certeza, o ministério instituído ajudará a melhorar a qualidade da formação dos nossos educadores na fé e a valorizar seu ministério na comunidade eclesial missionária.

Comissão Episcopal Pastoral
para a Animação Bíblico-Catequética da CNBB

Rua Dona Inácia Uchoa, 62
04110-020 – São Paulo – SP (Brasil)
Tel.: (11) 2125-3500
http://www.paulinas.com.br – editora@paulinas.com.br
Telemarketing e SAC: 0800-7010081